Armemens en Course

Réglemens pour les Armemens en Course
du 2 Prairial an 11.

ARRÊTÉ

CONTENANT

RÉGLEMENT POUR LES ARMEMENS EN COURSE.

Du 2 prairial an 11.

Le Gouvernement de la République, sur le rapport du ministre de la marine et des colonies; le conseil d'état entendu,

ARRÊTE:

TITRE PREMIER.

Armemens en Course.

CHAPITRE PREMIER.

Des Sociétés pour la Course.

ART. 1er. Les sociétés pour la course, s'il n'y a pas de conventions contraires, seront réputées en comman-dite, soit que les intéressés se soient associés par des quotités fixes ou par actions. (*Déclaration du 24 juin 1778, art. 14.*)

2. L'armateur pourra, par l'acte de société ou par les actions, fixer le capital de l'entreprise à une somme déterminée, pour régler la répartition des profits ou la contribution aux pertes; et si, d'après les comptes qui seront fournis, la construction et mise-hors ne montent pas à la somme déterminée, le surplus sera employé aux depenses des relâches, ou, en cas de prise du corsaire, sera rendu aux actionnaires pro-portionnellement à leurs mises. Si, au contraire, les dépenses de la construction et mise-hors excèdent la

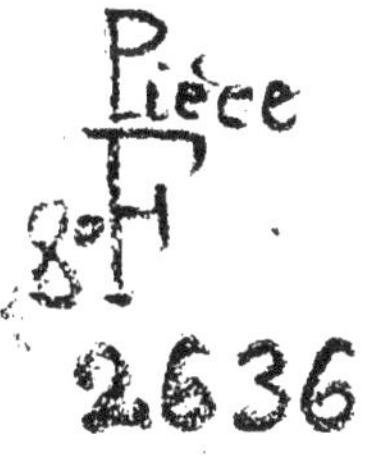

somme fixée, l'armateur prélèvera ses avances sur le produit des premières prises; et en cas d'insuffisance, il en sera également remboursé par les actionnaires proportionnellement à leurs mises; ce qui aura lieu pareillement pour les dépenses des relâches, lorsque le produit des prises ne sera pas suffisant. (*Déclaration du 24 juin 1778, art. 24.*)

3. Les armateurs seront tenus, dans les actions qu'ils délivreront aux intéressés, de faire une mention sommaire des dimensions du bâtiment qu'ils se proposeront d'armer en course, du nombre et de la force de son équipage et de ses canons, ainsi que du montant présumé de la construction et mise-hors. (*Déclaration du 24 juin 1778, art. 24.*)

4. Le compte de la construction et mise-hors, qui formera toujours le capital de l'entreprise, hors le cas prévu par l'art. 2 ci-dessus, sera clos, arrêté et déposé, avec les pièces justificatives, au greffe du tribunal connaissant des matières de commerce, dans le quinzième jour après celui auquel le corsaire aura fait voile pour commencer la course ; sauf à n'employer que par évaluation les articles de dépense qui, à cette époque, ne pourront pas être liquidés, lesquels seront ensuite alloués, dans le compte de construction et mise-hors, pour leur vraie valeur, sur les pièces justificatives qui seront rapportées. (*Déclaration du 24 juin 1778, art. 17.*)

5. Il pourra néanmoins être accordé à l'armateur, sur sa demande, un second délai de dix jours, pour déposer le compte mentionné en l'article précédent; mais passé ce terme, si l'armateur n'y a pas satisfait, il sera privé de tous droits de commission, pour le seul fait de n'avoir pas déposé son compte. Cette disposition est applicable aux bâtimens armés en guerre et marchandises, comme ceux armés en course. (*Déclaration du 24 juin 1778, art. 18.*)

6. Lorsque la construction d'un corsaire et sa mise-hors ne pourront être achevées, soit par la conclusion de la paix, ou par quelqu'autre événement, la perte

sera supportée proportionnellement par les intéressés et les actionnaires ; et s'il n'y a pas eu de fixation pour le capital de l'entreprise, il sera évalué, par arbitres, à la somme que ladite entreprise aurait dû coûter si elle avait été achevée. (*Déclaration du 24 juin 1778, art. 19.*)

7. Le droit de commission ordinaire sera de deux pour cent sur le montant des dépenses de la construction, armemens, relâches et désarmemens ; il sera en outre alloué aux armateurs une semblable commission de deux pour cent, sur les prises rentrées dans le port de l'armement, dont ils auront eu l'administration particulière ; et à l'égard des prises qui auront été conduites dans d'autres ports, et qui auront été administrées par leurs commissionnaires, il sera alloué à ces commissionnaires deux pour cent, à l'armateur un pour cent, et au même un demi pour cent pour négociation des traites qui lui auront été remises pour la valeur des prises vendues dans un port autre que celui de l'armement. (*Déclaration du 24 juin 1778, art. 20.*)

8. Lorsque la course aura produit des sommes suffisantes pour réarmer, la société sera continuée de droit, s'il n'y a pas de convention contraire ; et il sera loisible à l'armateur de s'occuper sur-le-champ d'un réarmement pour le compte des mêmes intéressés, qui ne pourront, dans ce cas, être remboursés du principal de leur mise, ni en demander le remboursement que de gré à gré.

Les armateurs sont dispensés de faire la vente du corps du bâtiment corsaire, pour la fixation des dépenses relatives à la liquidation des droits des invalides de la marine ; mais si l'armateur juge à propos de requérir ladite vente, il sera tenu de se conformer aux formes prescrites pour la vente des vaisseaux, et d'en faire afficher le prospectus imprimé à la bourse de Paris, et dans les principales villes maritimes où il y a des bourses de commerce ; et dans le cas où il resterait adjudicataire du bâtiment corsaire, à l'effet de le réarmer en course, les actionnaires seront libres d'y conserver leur intérêt, en le déclarant néanmoins dans un mois du jour de l'adjudication. (*Déclaration du 14 juin 1778 , art. 56.*)

CHAPITRE II.

Des Équipages.

9. Il ne pourra être embarqué sur les bâtimens armés en course, qu'un huitième de matelots inscrits et en état de servir sur les bâtimens de la République. En conséquence, les commissaires préposés à l'inscription maritime ne pourront recevoir d'enrôlemens ni délivrer des permissions d'embarquer pour la course, qu'autant que le nombre des matelots employés à ce service n'excédera pas le huitième de ceux inscrits.

Le ministre de la marine pourra néanmoins autoriser l'embarquement d'un plus grand nombre de marins inscrits, lorsque les besoins du service le permettront.

L'équipement de l'inscription maritime est tel, qu'il paraît nécessaire de limiter au huitième le nombre des marins inscrits qui pourront être embarqués sur les corsaires.

La loi du 31 janvier 1793 , et l'arrêté du 23 thermidor an 3 , avaient accordé aux armateurs la faculté d'employer un sixième de marins inscrits ; mais la rareté des gens de mer força bientôt de restreindre cette permission ; et dans les dernières années de la guerre, on ne toléra souvent l'embarquement des marins inscrits que pour l'état-major et la mestrance.

10. Les armateurs de corsaires auront la faculté d'employer des marins étrangers , et ce , jusqu'aux deux cinquièmes de la totalité de l'équipage.

Ces marins étrangers , pendant le temps qu'ils seront employés sur les bâtimens armés en course , seront traités comme les marins français ; ils participeront aux mêmes avantages, et seront soumis à la même police et discipline. (*Arrêtés des 23 messidor an 3 , et 16 ventôse an 6.*)

11. Les capitaines des bâtimens armés pour la course,

présenteront au bureau de l'inscription maritime les marins qu'ils auront engagés ; et, sous peine de trois cents francs d'amende par chaque homme, ils ne pourront embarquer que des gens de mer qui auront été portés sur le rôle d'équipage. Ils présenteront également au bureau, pour y être inscrits sur le rôle des classes, les Français non classés, et les étrangers qui en feront partie. (*Ordonnance du 31 octobre 1784, tit. IV, art. 1er.*)

12. Tout armateur ou capitaine de corsaire qui sera convaincu d'avoir favorisé la désertion d'un marin levé pour le service ou employé sur un bâtiment de l'Etat, qui recevra à bord des marins inscrits au-delà du nombre autorisé pour les armemens en course, sera poursuivi comme embaucheur, et sa lettre de marque sera immédiatement révoquée. (*Ordonnance du 31 octobre 1784, tit. XVIII.*)

13. Les gens de mer engagés sur des bâtimens armés en course, qui auront déserté dans le port de l'armement et qui seront arrêtés avant le départ, seront remis aux capitaines pour faire le voyage auquel ils s'étaient engagés, et pendant lequel ils n'auront que la moitié des salaires ou parts qu'ils auraient dû gagner.

Si lesdits déserteurs ne sont arrêtés qu'après le départ du bâtiment, ils seront condamnés à huit jours de prison, à la restitution des avances envers le capitaine ou les armateurs, et ils feront une campagne extraordinaire de six mois sur les bâtimens de l'Etat, à deux tiers de solde.

Ceux qui déserteront pendant le voyage ou dans les relâches, perdront les salaires, parts, et toutes les sommes qui pourront leur être dues, lesquelles seront confisquées au profit de la caisse des invalides.

Lesdits déserteurs seront remis aux capitaines pour achever le voyage à demi-salaire, et feront, après leur retour, une campagne extraordinaire de six mois sur les bâtimens de l'Etat, à deux tiers de solde.

S'ils n'ont été arrêtés qu'après le départ du bâtiment auquel ils appartenaient, ils seront condamnés à huit jours de prison, à la restitution des avances qui pour-

raient leur avoir été faites ; et à une campagne extraordinaire d'un an, à deux tiers de solde, sur les bâtimens de l'Etat.

Chacun des marins composant l'équipage d'un bâtiment armé en course, sera tenu de se rendre à bord
vingt-quatre heures après l'avertissement qui aura été
donné au son du tambour ou par le coup de canon de
départ, à peine d'être puni comme déserteur.

Les marins qui prendraient un faux nom ou un faux
domicile, encourront la même peine. (*Ordonnance du
31 octobre 1784, tit. XVIII.*)

14. Lorsque les équipages des corsaires seront de
quinze hommes et au-dessus, les mousses compris, il
sera embarqué un chirurgien.

Les coffres à médicamens seront composés comme
ceux des bâtimens de la République, en raison du
nombre d'hommes de l'équipage.

CHAPITRE III.

Lettres de marque et Cautionnemens.

15. Les lettres de marque, soit pour des armemens
en course, soit pour des armemens en guerre et marchandises, ne peuvent être délivrées en Europe que
par le ministre de la marine et des colonies.

Chaque lettre de marque sera accompagnée d'un
nombre suffisant de commissions de conducteurs de
prises.

Ces lettres de marque et ces commissions seront conformes aux modèles annexés au présent réglement.
(*Ordonnance de 1681, tit. IX, livre III.*)

16. Nul ne pourra obtenir des lettres de marque pour
faire des armemens en course, ou en guerre et marchandises, s'il n'est citoyen français, ou s'il n'est, en
pays étranger, immatriculé comme citoyen français
sur les registres des commissariats des relations commerciales. (*Ordonnance de 1681, titre IX, livre III.*)

17. S'il était reconnu qu'un armement en course a

été fait, et qu'une lettre de marque a été délivrée sous un nom autre que celui du véritable armateur, la lettre de marque sera déclarée nulle et retirée.

La peine de six mille francs d'amende prononcée par l'article 15 de la loi du 27 vendémiaire an 2, relative à l'acte de navigation, sera appliquée à l'armateur et à l'individu qui lui aura prêté son nom.

Le produit de cette amende sera versé dans la caisse des invalides de la marine.

La sûreté des intérêts des actionnaires, des neutres indûment capturés, et celle des droits attribués aux invalides de la marine, exigent cette précaution, dont les abus reconnus pendant la dernière guerre ont surtout fait sentir la nécessité.

18. Les demandes de lettres de marque seront faites aux administrateurs de la marine et aux commisaires des relations commerciales, qui les transmettront au ministre de la marine et des colonies; mais lesdites lettres ne pourront être par eux délivrées aux armateurs qu'après qu'il aura été vérifié si le bâtiment est solidement construit, gréé, armé et équipé; s'il est d'une marche supérieure; si son artillerie est en bon état; si le capitaine désigné par l'armateur est suffisamment expérimenté, et si l'armateur et ses cautions sont reconnus pour solvables.

La solvabilité de l'armateur et celle des cautions seront certifiées par les tribunaux connaissant des affaires de commerce. Dans les ports étrangers cette solvabilité sera attestée par le commissaire des relations commerciales, et, autant que possible, par l'assemblée des négocians français immatriculés dans le lieu.

Les capitaines désignés pour commander des corsaires, seront tenus de produire des certificats sur leur conduite et leurs talens, de la part des officiers sous les ordres desquels ils auront servi, ou des armateurs qui les auront déjà employés.

Ces diverses dispositions ont été observées par l'administration pendant le cours de la dernière guerre.

19. La durée des lettres de marque commencera à

compter du jour où elles seront enregistrées au bureau de l'inscription maritime du port de l'armement.

D'après la nature des croisières, et sur les propositions transmises au ministre par les administrateurs de la marine, ou les commissaires des relations commerciales, la durée des lettres de marque pourra être de six, douze, dix-huit et vingt-quatre mois. (*Ordonnance de 1681, titre IX, livre III.*)

20. Tout armateur de bâtimens armés en course, ou en guerre et marchandises, sera tenu de fournir un cautionnement par écrit de la somme de trente-sept mille francs.

Et si l'état-major et la mestrance, l'équipage et la garnison comprennent en tout plus de cent cinquante hommes, le cautionnement sera de soixante-quatorze mille francs.

Dans ce dernier cas, le cautionnement sera fourni solidairement par l'armateur, deux cautions non intéressées dans l'armement, et par le capitaine.

L'Ordonnance de 1681 exigeait un cautionnement de quinze mille francs. La loi du 21 thermidor an 3, avait porté ce cautionnement à cinquante mille francs. (C'était pendant le temps des assignats.)

L'article 13 de la convention du 8 vendémiaire an 9, entre la République française et les États-Unis d'Amérique, a fixé à soixante-treize mille six cents francs, les cautionnemens pour les navires qui ont plus de cent cinquante hommes d'équipage, et à trente-six mille huit cent vingt francs ceux à exiger pour les navires qui portent moins de cent cinquante matelots ou soldats : cette convention, promulguée le 15 frimaire an 10, doit servir de base pour la fixation des cautionnemens.

21. La même personne ne pourra servir de caution pour plus de trois armemens non liquidés ; et à chaque acte de cautionnement, la personne qui le souscrira sera tenue de déclarer ceux qu'elle auroit pu souscrire précédemment pour la même cause.

Lorsque les cautions ne seront pas domiciliées dans le port de l'armement, l'armateur sera tenu de produire un certificat du tribunal connaissant des affaires de commerce dans le lieu où seront domiciliées les cautions présentées, lequel certificat constatera leur solvabilité; et une copie légalisée du pouvoir donné par la caution absente à celui qui la représentera, restera annexée à l'acte du cautionnement.

Les noms, professions et demeures des personnes qui auront cautionné des armateurs de corsaires, seront désignés sur un tableau qui restera affiché dans le bureau de l'inscription maritime du port où les armemens auront eu lieu.

Les actes de cautionnement seront déposés audit bureau, et enregistrés à celui de l'inspection de la marine du chef-lieu de la préfecture maritime.

Ce serait rendre illusoire la mesure si nécessaire des cautionnemens, que de ne pas accompagner ces actes de toutes les formalités propres à assurer un recours réel en cas de besoin.

22. Il est expressément défendu aux préfets, officiers supérieurs et agens civils, militaires et commerciaux, de prolonger là durée d'une lettre de marque, sans y être spécialement autorisés par le ministre de la marine et des colonies; et cette autorisation, lorsqu'elle sera accordée, sera, ainsi que sa date, mentionnée sur la lettre de marque.

La seule autorité qui a le droit de conférer des lettres de marque, peut seule aussi avoir celui d'en prolonger la durée.

23. Les administrateurs de la marine et les commissaires des relations commerciales sont personnellement responsables de l'emploi des lettres de marque qui leur seront envoyées par le ministre de la marine, et qui ne seront, conformément à l'article 18 ci-dessus, par eux remises aux armateurs et capitaines, qu'après que les vérifications prescrites par cet article auront été remplies, l'acte de cautionnement souscrit, et le rôle d'équipage arrêté.

La sévérité de cette disposition est motivée par les abus scandaleux qui ont eu lieu pendant la dernière guerre.

28

24. Tout individu convaincu d'avoir falsifié ou altéré une lettre de marque, sera jugé comme coupable de faux en écritures publiques; il sera de plus responsable de tous dommages résultant de la falsification ou altération qu'il aura commise.

25. Tant qu'un bâtiment continuera d'être employé à la course, il est défendu de lui donner un autre nom que celui sous lequel il aura été armé la première fois; et si un même corsaire étoit réarmé plusieurs fois, chaque nouvel armement pour lequel il aurait été délivré une lettre de marque, devra être indiqué numériquement sur la lettre de marque et sur le rôle d'équipage.

Cette précaution est nécessaire pour la liquidation des prises et pour faciliter les recours à exercer sur les armateurs.

CHAPITRE IV.

Encouragemens.

26. Les gratifications suivantes seront payées pour les prises qui seront faites par des corsaires particuculiers;

S A V O I R :

Navires de commerce chargés de marchandises.

Quarante francs pour chaque prisonnier amené dans les ports.

Bâtimens dits Lettres de Marque, *armés en guerre et en marchandises.*

Cent dix francs par chaque canon du calibre de 4 et au-dessus jusqu'à 12;
Cent soixante francs pour celui de 12 et au-dessus;
Quarante-cinq francs par chaque prisonnier amené dans les ports.

Corsaires particuliers armés en guerre seulement, et petits bâtimens de l'Etat, tels que bricks, cutters, lougres, etc.

Cent soixante francs par chaque canon du calibre de 4 à 12;

Deux cent quarante francs pour celui de 12 et au-dessus;

Cinquante francs par prisonnier amené dans les ports.

Vaisseaux, frégates de guerre, et corvettes à trois mâts.

Deux cent quarante francs par chaque canon de 4 à 12;

Trois cent soixante francs pour celui de 12 et au-dessus;

Soixante francs par chaque prisonnier amené dans les ports.

Le nombre et le calibre des canons seront constatés par le procès-verbal d'inventaire de la prise; et celui des prisonniers, par les certificats des officiers, administrateurs ou agens auxquels ils auront été remis.

27. La totalité desdites gratifications sera répartie entre les capitaines, officiers et équipages, proportionnément à la quotité des parts revenant à chacun dans le produit des prises.

28. Les gratifications allouées aux officiers et équipages des corsaires, seront acquittées sur les fonds de la caisse des invalides de la marine.

29. Les capitaines, officiers et volontaires des corsaires qui se seront distingués, recevront, sur les propositions qui en seront faites par les préfets maritimes, les récompenses et avancemens dont ils seront jugés susceptibles.

30. Les officiers et matelots des équipages des corsaires qui se trouveront hors d'état de continuer leurs services par les blessures qu'ils auront reçues dans les combats, participeront aux demi-soldes accordées aux

gens de mer ; les veuves de ceux qui auront été tués ou qui seront morts de leurs blessures, recevront des pensions.

Les diverses dispositions contenues dans le présent titre, sont principalement empruntées des déclarations des 15 mai 1756 et 24 juin 1778.

Les gratifications sont seulement augmentées dans une très-modique proportion.

CHAPITRE V.

Police de la Course, et Rançons.

31. Les lois et réglemens sur la police et la discipline militaire seront observés à bord des bâtimens armés pour la course, ou en guerre et marchandises.

Les délits commis par les marins employés sur ces bâtimens, seront jugés par les tribunaux institués pour l'armée navale. (*Déclaration du 24 juin 1778. Circulaire du 28 brumaire an 7. Rapport du ministre de la justice au Directoire, du 16 brumaire an 7.*)

32. Les armateurs seront civilement et solidairement responsables, avec leurs capitaines, des infractions que ceux-ci commettront contre les ordres du Gouvernement, soit sur la navigation des bâtimens neutres, soit sur les pêcheurs ennemis.

Les lettres de marque pourront même être révoquées selon la nature des délits dont les capitaines se seront rendus coupables.

33. Les capitaines de bâtimens armés en course seront tenus d'arborer pavillon français avant de tirer à boulet sur le bâtiment chassé, sous peine d'être privés, eux et les armateurs, de tout le produit de la prise, qui sera confisquée au profit de la République, si le bâtiment capturé est ennemi; et si le bâtiment est jugé neutre, les capitaines et armateurs seront condamnés aux dépens, dommages et intérêts envers les propriétaires.

Mais les équipages ne seront point privés de la part qu'ils auraient à la prise suivant leurs conventions avec les armateurs, et ils seront traités de même que si la prise était adjugée auxdits armateurs. (*Ordonnances du 17 mars 1696 et du 18 janvier 1704.*)

34. Dans le cas où une prise aurait été faite par un bâtiment non muni de lettres de marque, et sans que l'armateur eût fourni le cautionnement exigé, elle sera confisquée au profit de la République, et pourra même donner lieu à punition corporelle contre le capitaine du bâtiment capteur ; le tout sauf le cas où la prise aurait été faite, dans la vue d'une légitime défense, par un bâtiment de commerce, d'ailleurs muni de passe - port ou congé de mer.

Tout capitaine convaincu d'avoir fait la course sous plusieurs pavillons, sera, ainsi que ses fauteurs et complices, poursuivi et jugé comme pirate. (*Ordonnances du 1er février 1650, du 23 février 1674 et de 1681, tit. IX, liv. III.*)

Prisonniers de guerre.

35. Tout capitaine de navire armé en guerre qui aura fait des prisonniers à la mer, sera tenu de les garder jusqu'au lieu de sa première relâche dans un port de France, sous peine de payer, pour chaque prisonnier qu'il aura relâché, cent francs d'amende, au profit de la caisse des invalides de la marine, laquelle sera retenue sur ses parts de prises ou salaires, et prononcée par le conseil des prises.

36. Lorsque le nombre des prisonniers de guerre excédera celui du tiers de l'équipage, il est permis au capitaine preneur d'embarquer le surplus de ce tiers, et, dans le cas où il manquerait de vivres, un plus grand nombre, sur les navires des puissances neutres qu'il rencontrera à la mer, en prenant, au bas d'une liste des prisonniers ainsi débarqués, une soumission signée du capitaine du bâtiment pris, et des autres principaux prisonniers, portant qu'ils s'engagent à faire échanger et renvoyer un pareil nombre de prisonniers français de même grade ; laquelle liste originale sera remise, à la première relâche dans les ports de France, à l'adminis-trateur de la marine, et, dans les ports étrangers, au

commissaire des relations commerciales de la République française.

37. Il est permis aux capitaines qui relâcheront dans les ports des puissances neutres d'y débarquer les prisonniers de guerre qu'ils auront faits, pourvu qu'ils en aient justifié la nécessité aux agens de la République, dont ils seront obligés de rapporter une permission par écrit, lesquels remettront lesdits prisonniers au commissaire de la nation ennemie, et en tireront un reçu avec obligation de faire tenir compte de l'échange desdits prisonniers par un pareil nombre de prisonniers français de même grade.

38. Dans l'un et l'autre cas, les capitaines preneurs seront obligés, sans pouvoir s'en dispenser sous quelque prétexte que ce puisse être, de garder à leur bord le capitaine avec un des principaux officiers de l'équipage du bâtiment pris, pour les ramener dans les ports de France, où ils seront retenus pour servir d'otages, jusqu'à ce que l'échange promis ait été effectué.

Les dispositions consacrées par les articles 35, 36, 37 et 38, sont empruntées des ordonnances du 7 novembre 1703, du 4 octobre 1760, et de l'arrêté du 5 vendémiaire an 6.

39. Il est expressément défendu à tous capitaines de bâtimens armés en course, ou en guerre et marchandises, de rançonner à la mer aucun bâtiment muni d'un passe-port émané d'une puissance neutre, lors même que ce passe-port serait suspecté de simulation, ou pourrait être considéré comme illégal ou expiré.

Ils ne pourront même rançonner un bâtiment évidemment ennemi, sans l'autorisation de leurs armateurs et autres formalités préalables ci-après indiquées, et ne sera, à cet égard, considéré comme évidemment ennemi, que le bâtiment naviguant avec un passe-port émané d'une puissance ennemie.

40. Les armateurs qui voudront autoriser les capitaines de leurs corsaires à rançonner les bâtimens ennemis qu'ils auront arrêtés, en feront la déclaration par écrit à l'administrateur de la marine préposé à l'inscrip-

tion maritime dans le port de l'armement, et demanderont à cet administrateur le nombre de traités de rançon qu'ils voudront remettre auxdits capitaines.

41. Les traités de rançon seront conformes au modèle annexé au présent réglement.

Les administrateurs de la marine tiendront un registre de la délivrance de ces traités, ainsi que des déclarations qu'ils auront reçues des armateurs ; et tous les mois lesdits administrateurs adresseront un extrait de ce registre à l'inspecteur de marine de l'arrondissement dans lequel ils sont employés.

42. Lorsque les armateurs seront représentés par un fondé de pouvoir, ce dernier devra déposer au bureau de l'inscription maritime une copie légalisée de la procuration qu'il aura reçue.

43. Les capitaines de corsaires qui, après l'accomplissement des formalités ci-dessus, rançonneront à la mer un bâtiment ennemi, seront tenus de prendre pour otage de la rançon, et d'amener dans un des ports de la République, au moins un des principaux officiers du bâtiment rançonné, et outre cet officier, cinq hommes en sus, lorsque l'équipage du navire rançonné sera composé de trente hommes ou plus ; trois, lorsqu'il ne sera que de vingt hommes jusqu'à vingt-neuf inclusivement ; et deux pour les autres cas ; lesquels hommes seront choisis, autant qu'il sera possible, parmi les marins de la plus haute paye.

Les capitaines se feront donner par les commandans des bâtimens rançonnés, des vivres en quantité suffisante pour la nourriture des otages jusqu'au port où ils devront être conduits, et se feront délivrer par lesdits commandans copie de leurs passe-ports ; ils remettront à ces derniers un double du traité de rançon.

44. Il est défendu à tous capitaines de corsaires ou bâtimens armés en guerre et marchandises, de rançonner de nouveau un bâtiment ennemi qui a déjà subi une rançon, sous peine de nullité de la seconde rançon, et d'une amende de 500 francs, applicable à la

caisse des invalides, et dont les armateurs seront civilement responsables.

Mais le bâtiment rançonné et rencontré par un second corsaire, pourra être pris et conduit soit dans les ports de la République, soit dans des ports alliés ou neutres.

Dans ce dernier cas, les obligations souscrites lors de la rançon cesseront d'être exigibles vis-à-vis de ceux qui devaient les remplir; mais l'armateur du corsaire capteur en deviendra personnellement débiteur envers l'armateur du premier corsaire, si mieux il n'aime ensuite lui abandonner la prise. Les otages seront, audit cas de prise faite postérieurement à la rançon, rédimés des charges attachées au titre d'otages, et ne seront plus considérés que comme simples prisonniers de guerre.

45. Au retour de leurs croisières, les capitaines des corsaires déclareront, par écrit, à l'administrateur de la marine préposé à l'inscription maritime, s'ils ont fait ou non usage des traités de rançon à eux délivrés avant leur départ; ils remettront les traités qui n'auront pas été employés, et qui seront immédiatement annulés. S'ils ont fait des rançons à la mer, ils remettront les otages aux administrateurs de la marine, qui en adresseront de suite la liste au ministre : ils présenteront aussi les traités souscrits par les commandans des navires rançonnés; et il en sera pris note par lesdits administrateurs, qui les viseront et les remettront aux capitaines.

46. Audit cas de rançon, les administrateurs procéderont immédiatement à l'interrogatoire des otages, ainsi qu'à celui des officiers, maîtres et équipage du corsaire, pour s'assurer si la rançon a été légalement exercée, et si, outre les sommes et effets portés au traité de rançon, le capitaine n'a pas exigé d'autres sommes ou effets particuliers, comme encore s'il n'a rien été pris ni détourné; de quoi il sera dressé procès-verbal.

Les actes, billets et obligations que les capitaines de corsaires auraient faits souscrire en contravention aux dispositions ci-dessus, seront paraphés par les administrateurs de la marine, et par eux remis aux trésoriers des invalides, qui en resteront dépositaires jusqu'au jugement définitif.

47. Les capitaines qui, sans y être autorisés par leurs armateurs, et sans avoir reçu, avant leur départ, des traités de rançon, se permettront de rançonner à la mer des bâtimens même évidemment ennemis, et les capitaines qui, munis de ces autorisations et traités, en auraient abusé en rançonnant des bâtimens naviguant avec des passe-ports de puissances neutres, seront destitués de leur commandement : ils feront une campagne d'un an sur les bâtimens de l'Etat, à la plus basse paye de matelot; seront privés de leurs salaires et parts de prise, et déclarés incapables de jamais commander aucun navire armé en course, ou en guerre et marchandises.

A l'égard des rançons illégalement exigées, elles seront rendues aux rançonnés, s'ils justifient de leur neutralité, même avec dommages-intérêts, auxquels l'armateur pourra être condamné solidairement; et dans le cas contraire, elles seront confisquées au profit de la caisse des invalides de la marine.

48. Le capitaine de corsaire qui aurait frauduleusement reçu des effets ou obligations autres que ceux exprimés au traité de rançon, pourra être poursuivi en restitution, à la requête des intéressés à l'armement, et, outre la restitution, condamné à 500 francs d'amende au profit de la caisse des invalides de la marine, et en outre déclaré incapable de commander aucun corsaire pendant la guerre durant laquelle cette infidélité aura eu lieu.

49. Dans les cas prévus par les articles 47 et 48 ci-dessus, les pièces de la procédure commencée par les administrateurs de la marine contre les capitaines délinquans, seront adressées au ministre de la marine qui les transmettra au conseil des prises, pour être, par ce conseil, procédé au jugement desdits capitaines. Le jugement qui interviendra sera, aux frais des délinquans, affiché dans telles villes maritimes et en tel nombre d'exemplaires que le jugement désignera; et il en sera

inséré un extrait sur le registre du quartier de l'inscription maritime auquel le capitaine appartiendra.

50. Au surplus, les règles qui seront ci-après établies pour l'instruction, le jugement, la liquidation et la répartition des prises, sont déclarées communes aux rançons.

TITRE II.

Prises.

CHAPITRE PREMIER.

Captures.

51. Seront de bonne prise tous bâtimens appartenant aux ennemis de l'Etat, ou commandés par des pirates, forbans ou autres gens courant la mer sans commission spéciale d'aucune puissance. (*Ordonnance de 1681*), *livre III, titre IX, article 4.*)

52. Tout bâtiment combattant sous autre pavillon que celui de l'Etat dont il a commission, ou ayant commission de deux puissances différentes, sera aussi de bonne prise ; et s'il est armé en guerre, les capitaines et officiers seront punis comme pirates. (*Ordonnance de 1681, livre III, titre IX, article 5.*)

53. Seront encore de bonne prise, soit les bâtimens, soit leurs chargemens en tout ou partie, dont la neutralité ne serait pas justifiée conformément aux réglemens ou traités.

54. Si un navire français ou allié est repris par des corsaires sur les ennemis de l'Etat, après qu'il aura été vingt-quatre heures entre les mains de ces derniers, il appartiendra en totalité auxdits corsaires ; mais dans le cas où la reprise aura été faite avant les vingt-quatre heures, le droit de recousse ne sera que du tiers de la valeur du navire recous et de sa cargaison.

L'ordonnance du 15 juin 1779 a confirmé ces dispositions, déjà prescrites par l'ordonnance de 1681.

Lorsque la reprise sera faite par un bâtiment de l'État, elle sera restituée aux propriétaires, mais sous la condition qu'ils paieront aux équipages repreneurs le trentième de la valeur de la reprise, si elle a été faite avant les vingt-quatre heures ; et le dixième si la reprise a eu lieu après les vingt-quatre heures : tous les frais relatifs à cette reprise restituée seront à la charge des propriétaires.

D'après l'ordonnance du 15 juin 1779, le tiers ou la totalité de la recousse appartenait à l'État, suivant l'époque à laquelle elle était faite ; mais les recousses étaient toujours rendues aux propriétaires, moyennant les gratifications indiquées dans l'article ci-contre.

55. Si le navire, sans être recous, est abandonné par les ennemis, ou si, par tempête ou autre cas fortuit, il revient en la possession des Français avant qu'il ait été conduit dans un port ennemi, il sera rendu au propriétaire qui le réclamera dans l'an et jour, quoiqu'il ait été plus de vingt-quatre heures entre les mains des ennemis. (*Ordonnance de 1681 , livre III , titre IX , article 9.*)

56. Les navires et effets des Français ou alliés, repris sur les pirates, et réclamés dans l'an et jour de la déclaration qui en aura été faite, seront rendus aux propriétaires , en payant le tiers de la valeur du navire et des marchandises, pour frais de recousse. (*Ordonnance de 1681 , livre III , titre IX, article 10.*)

57. Tout navire qui refusera d'amener ses voiles, après la semonce qui lui en aura été faite, pourra y être contraint ; et en cas de résistance et de combat, il sera de bonne prise. (*Ordonnance de 1681 , liv. III, tit. IX ; article 12.*)

58. Il est défendu à tous capitaines de bâtimens armés en guerre d'arrêter ceux des Français, amis ou alliés qui auront amené leurs voiles et représenté leur charte-partie ou police de chargement, et, sous les peines corporelles prononcées par les lois , de prendre ou souffrir qu'il soit pris aucun effet à bord desdits bâtimens. (*Ordonnance de 1681 , livre III, titre IX, article 13.*)

59. Aussitôt après la prise d'un navire, les capitaines capteurs se saisiront des congés, passe-ports, lettres de mer, chartes-parties, connaissemens et autres papiers existans à bord. Le tout sera déposé dans un coffre, ou sac, en présence du capitaine pris, lequel sera interpellé de le sceller de son cachet ; ils feront fermer les écoutilles et autres lieux où il y aura des marchandises, et se saisiront des clefs des coffres et armoires. (*Loi du 3 brumaire an 4.*)

60. Il est défendu à tous capitaines, officiers et équipages de vaisseaux preneurs, de soustraire aucun papier ou effet du navire pris, à peine de deux ans d'emprisonnement, conformément à l'ordonnance de 1681, et de peines plus graves dans les cas prévus par la loi. (*Loi du 3 brumaire an 4, article 3.*)

61. Les capitaines qui auront fait des prises les ameneront ou enverront, autant qu'il sera possible, au port où ils auront armé ; s'ils sont forcés, par des causes majeures, de conduire ou d'envoyer leurs prises dans quelqu'autre port, ils seront tenus d'en prévenir immédiatement les armateurs. (*Ordonn. de 1681, livre III, titre IX, article 17.*)

62. Si le chef conducteur d'un navire pris, fait dans sa route quelques autres prises, elles appartiendront à l'armement dont il fait partie, ou à la division à laquelle il est attaché. (*Loi du 3 brumaire an 4, art. 4.*)

63. Le chef conducteur d'une prise qui, dans sa course, sera reprise par l'ennemi, sera jugé, à son retour, comme le sont, en pareil cas, les commandans des bâtimens de l'Etat. (*Loi du 3 brumaire an 4, art. 8.*)

64. Il est défendu, conformément à l'ordonnance de 1681, sous peine de la vie, à tous individus faisant partie de l'état-major ou de l'équipage d'un corsaire, de couler à fond des bâtimens pris, et de débarquer des prisonniers sur des îles ou côtes éloignées dans le dessein de celer la prise. (*Ordonnance de 1681, livre III, titre IX, article 18.*)

Et au cas où les preneurs ne pouvant se charger du vaisseau pris ni de l'équipage, enlèveraient seulement les marchandises ou relâcheraient le tout par composition, ils seront tenus de se saisir des papiers et d'amener au moins les deux principaux officiers du vaisseau pris, à peine d'être privés de ce qui pourrait leur appartenir en la prise, même de punition corporelle s'il y échet.

65. Il est défendu de faire aucune ouverture des coffres, ballots, sacs, caisses, barriques, tonneaux ou armoires, de transporter ni vendre aucune marchandise de la prise, et à toutes personnes d'en acheter ou recéler, jusqu'à ce que la prise ait été jugée, ou que la vente ait été légalement autorisée, sous peine de restitution du quadruple de la valeur de l'objet détourné, et de punitions plus graves suivant la nature des circonstances. (*Ordonnance de 1681, livre III, titre IX, article 20.*)

66. Aussi-tôt que la prise aura été amenée en quelque rade ou port de France, le chef conducteur sera tenu de faire son rapport à l'officier d'administration de la marine, de lui représenter et remettre sur inventaire et récépissé les papiers et autres pièces trouvées à bord, ainsi que les prisonniers faisant partie du navire pris, et de lui déclarer le jour et l'heure où le bâtiment aura été pris, en quel lieu ou à quelle hauteur, si le capitaine a fait refus d'amener les voiles, ou de faire voir sa commission ou son congé, s'il a attaqué ou s'il s'est défendu, quel pavillon il portait, et les autres circonstances de la prise et de son voyage. (*Ordonnance de 1681, livre III, titre IV, art. 21, et loi du 3 brumaire an 4, article 6.*)

67. Toutes les prises seront conduites dans les ports, sans pouvoir rester dans les rades ou aux approches de ces ports au-delà du tems nécessaire pour leur entrée dans les mêmes ports.

Lorsque le capitaine d'un navire armé en course aura conduit une prise dans un des ports de France, il sera tenu d'en faire la déclaration au bureau de la douane.

68. Toutes les lettres, généralement quelconques,

trouvées sur les bâtimens ennemis qui seront pris, seront immédiatement remises au fonctionnaire supérieur
de la marine ou à l'agent commercial dans le port où
la prise abordera : celui-ci les fera passer au ministre
de la marine et des colonies.

Les lettres trouvées sur des bâtimens neutres seront
ouvertes et lues en présence de l'armateur ou de son
représentant, et celles qui seront de nature à donner
des éclaircissemens sur la validité de la prise, seront
jointes à la procédure; les autres lettres seront adressées au ministre de la marine et des colonies. (*Lettre
du 12 août 1778, et arrêté du 7 messidor an 6.*)

CHAPITRE II.

Procédures des Prises.

69. Après avoir reçu le rapport du conducteur de la
prise, l'officier d'administration de la marine se trans-
portera immédiatement sur le bâtiment capturé, dres-
sera procès-verbal de l'état dans lequel il le trouvera,
et posera, en présence du capitaine pris, ou de deux
officiers ou matelots de son équipage, d'un préposé des
douanes, du capitaine ou autre officier du navire capteur, et même des réclamans s'il s'en présente, les
scellés sur tous les fermans.

Ces scellés ne pourront être levés qu'en présence
d'un préposé des douanes. (*Ordonnance de 1681, et
loi du 3 brumaire an 4.*)

70. Le préposé des douanes prendra à bord un état
détaillé des balles, ballots, futailles et autres objets qui
seront mis à terre ou chargés dans les chalans et chaloupes : un double de cet état sera envoyé à terre, et
signé par le garde-magasin, pour valoir réception des
objets y portés.

A mesure du déchargement des objets, et au mo-
ment de leur entrée en magasin, il en sera dressé inventaire en présence d'un visiteur des douanes, qui en
tiendra état et le signera à chaque séance.

7ı. Il sera établi à bord un surveillant, lequel sera chargé, sous sa responsabilité, de veiller à la conservation des scellés et des autres effets confiés à sa garde. (*Ordonnance de 1681, et loi du 3 brumaire an 4, articles 22 et 8.*)

72. L'officier d'administration de la marine du port dans lequel les prises seront amenées, procédera de suite, et au plus tard dans les vingt-quatre heures de la remise des pièces, à l'instruction de là procédure, pour parvenir au jugement des prises. (*Ordonnance de 1681, et loi du 3 brumaire an 4, art. 10.*)

73. Cette instruction consiste dans la vérification des scellés, la réception et l'affirmation des rapports et déclaration du chef conducteur, l'interrogatoire de trois prisonniers au moins, dans le cas où il s'en trouverait un pareil nombre, l'inventaire des pièces, états ou manifestes de chargement qui auront été remis ou qui seront trouvés à bord, la traduction des pièces du bord par un interprète juré, lorsqu'il y a lieu. (*Déclaration du 24 juin 1778, art. 42. Loi du 3 brumaire an 4, art. 11. Arrêté du 6 germinal an 8, art. 8.*)

74. Si le bâtiment est amené sans prisonniers, charte-partie ni connaissemens, l'équipage du navire capteur sera interrogé séparément sur les circonstances de la prise, pour faire connaître, s'il se peut, sur qui la prise aura été faite. (*Ordonnance de 1681, article 25, livre III, titre IX. Loi du 3 brumaire an 4, art. 12.*)

75. L'officier d'administration de la marine sera assisté, dans tous ses actes, du principal préposé des douanes, et appellera, en outre, le fondé de pouvoirs des équipages capteurs, s'il y en a : à défaut de fondé de pouvoirs, l'équipage sera représenté par le conducteur de la prise, réputé fondé de pouvoirs. (*Arrêté du 6 germinal an 8, art. 8.*)

76. Dans le cas d'avaries ou de détérioration de tout ou partie de la cargaison, l'officier d'administration de la marine, en apposant les scellés, ordonnera le déchargement et la vente dans un délai fixé. La vente ne pourra cependant avoir lieu qu'après avoir été préalablement

affichée dans le port de l'arrivée, et dans les communes et ports voisins, et après avoir appelé le principal préposé des douanes et le fondé de pouvoirs des équipages capteurs, ou à son défaut le conducteur de la prise.

Le produit de ces ventes sera provisoirement déposé dans la caisse des invalides de la marine. (*Ordonnance de 1681, livre III, titre IX, art. 27 et 28. Loi du 3 brumaire an 4, art. 9. Arrêté du 6 germinal an 8, art. 15.*)

77. Sont maintenues toutes les dispositions de l'arrêté du 6 germinal an 8, relatif à l'établissement d'un conseil des prises.

CHAPITRE III.

Déchargement, Manutention, Vente et Liquidation particulière des Prises.

78. Aussitôt que la procédure d'instruction sera terminée, il sera procédé sans délai à la levée des scellés, et au déchargement des marchandises, qui seront inventoriées et mises en magasin, lequel sera fermé de trois clefs différentes, dont l'une demeurera entre les mains de l'officier supérieur de l'administration de la marine, une seconde entre celles du receveur des douanes, et la troisième sera remise à l'armateur, ou à celui qui le représentera. (*Déclaration du 24 juin 1778, art. 44.*)

79. Il sera aussi procédé sans délai à la vente provisoire des effets sujets à dépérissement, soit sur la réquisition de l'officier d'administration, soit à la requête de l'armateur ou de celui qui le représentera.

Pourra même l'officier supérieur de l'administration de la marine, lorsque les prises seront évidemment ennemies, permettre la vente tant du navire que des cargaisons, sans attendre le jugement de bonne prise, laquelle vente se fera dans le délai qui aura été fixé par ledit officier supérieur, et toutefois après que les formalités prescrites par l'article 36 auront été remplies. (*Déclaration du 24 juin 1778, art. 45.*)

80. Si la prise a été faite sous pavillon neutre, ou n'est pas évidemment ennemie, la vente même provisoire ne pourra avoir lieu sans le consentement du capitaine capturé ; et en cas de refus, s'il y a nécessité de vendre, cette nécessité sera constatée par une visite d'experts nommés contradictoirement par l'armateur ou son représentant et ce même capitaine, ou d'office par l'officier supérieur de l'administration de la marine. (*Réglement du 8 nov. 1779, art. 8.*)

Cette disposition est nécessaire pour assurer aux neutres la restitution de leurs marchandises en nature dans le cas de main-levée, et pour mettre un terme à la cupidité des armateurs, dont la dernière guerre offre des exemples scandaleux.

81. S'il se présente des réclamans, les effets par eux réclamés pourront leur être délivrés par l'officier d'administration, suivant l'estimation qui en sera faite à dire d'experts, pourvu que lesdites réclamations soient fondées en titre, et à la charge par celui qui les aura faites, de donner bonne et suffisante caution ; faute de quoi il sera passé outre. (*Déclaration du 24 juin 1778, art. 46.*)

82. Les armateurs seront tenus d'envoyer des états ou inventaires détaillés des effets qui composeront les prises, avec indication du jour de leur vente, qui aura été fixé par l'officier supérieur de l'administration de la marine, dans les principales places de commerce, pour y être affichés à la bourse ; et il en sera délivré, sur les ordres du préfet de police, à Paris, et des préfets de département ou de leurs préposés, dans les places où il y a des bourses de commerce, un certificat dont il sera fait mention dans le procès-verbal de vente. (*Déclaration du 24 juin 1778, art. 47.*)

83. Il sera procédé, par le conseil des prises, au jugement d'icelles dans les délais et les formes prescrits par l'arrêté du 6 germinal an 8. (*Déclaration du 24 juin 1778, art. 48.*)

84. Dans les huit jours qui suivront les jugemens, le secrétaire général dudit cons\`. sera tenu d'en envoyer

l'expédition au ministre de la marine et des colonies, qui la fera passer à l'officier d'administration, pour être ensuite procédé à la vente de la prise, si fait n'a été.

Les décisions du conseil des prises ne pourront être exécutées à la diligence des parties intéressées, qu'avec le concours du principal préposé des douanes. (*Déclaration du 24 juin 1778, art. 49.*)

85. Les marchandises seront exposées en vente et criées par parties ou par lots, ainsi qu'il sera convenu entre les intéressés à la prise; et en cas de contestation, l'officier d'administration réglera la forme de la vente, qui ne pourra, dans aucun cas, être faite en bloc.

Le prix en sera payé comptant, ou en lettres de change acceptées à la satisfaction de l'armateur, et à deux mois d'échéance au plus tard.

La livraison des effets vendus et adjugés sera commencée le lendemain de la vente, et continuée sans interruption. (*Déclaration du 24 juin 1778, art. 50.*)

86. Dans le cas où quelque adjudicataire ne se présenterait pas à l'heure indiquée, ou au plus tard dans les trois jours après la livraison faite des derniers articles vendus, il sera procédé à la revente, à la folle enchère, des objets qui lui auraient été adjugés. (*Loi du 3 brumaire an 4, art. 34.*)

87. Les dispositions prescrites par les lois pour les déclarations à l'entrée et à la sortie, ainsi que pour les visites et paiement de droits, seront observées, relativement aux armemens en course et aux navires pris sur les ennemis de l'État, dans tous les cas où il n'y est pas dérogé par le présent réglement.

Les directeurs, inspecteurs et receveurs des douanes, prendront les mesures nécessaires pour prévenir toutes fraudes ou soustractions, à peine d'en demeurer personnellement responsables.

Les droits sur les objets de prise sont à la charge des acquéreurs, et seront toujours acquittés avant la livraison, entre les mains du receveur des douanes, avec lequel l'officier supérieur de l'administration de la marine se concertera pour indiquer l'heure de la livraison.

Les marchandises dont l'entrée est prohibée, ne pourront être vendues qu'à charge de réexportation.

88. Dans le mois qui suivra la livraison complète des effets vendus, l'armateur ou son commissionnaire déposera au greffe du tribunal connaissant des matières de commerce, le compte du produit de la prise, avec les pièces justificatives, sous peine de privation de son droit de commission, et même sous plus forte peine, s'il y a lieu, dans le cas où le produit ne serait pas complet.

Ce tribunal pourra accorder à l'armateur, sur sa simple requête et sans frais, quinze autres jours pour rapporter les pièces manquantes. (*Déclaration du 24 juin 1778, art. 24.*)

89. Il devra être procédé à la liquidation particulière, dans le mois du jour du dépôt mentionné en l'article précédent, sans que l'arrêté de ladite liquidation puisse être suspendu sous prétexte d'articles qui ne seraient pas encore en état d'être liquidés, lesquels seront tirés pour mémoire; sauf à les comprendre ensuite dans la liquidation générale. (*Déclaration du 24 juin 1778, art. 55.*)

90. Les armateurs seront tenus de déposer au greffe du tribunal connaissant des matières de commerce du lieu de l'armement, une expédition de chaque liquidation particulière, aussitôt qu'elle leur sera parvenue, et au plus tard dans un mois de sa date. (*Déclaration du 24 juin 1778, art. 57.*)

CHAPITRE IV.

Liquidations générales.

91. Le tiers du produit des prises qui auront été faites appartiendra à l'équipage du bâtiment qui les aura faites; mais le montant des avances qui auront été

payées, sera déduit sur les parts de céux qui les auront reçues. (*Déclaration du 24 juin 1778, art. 22.*)

92. Les équipages des bâtimens armés en guerre et marchandises, n'auront que le cinquième des prises ; et il ne leur sera fait aucune déduction pour les avances comptées à l'armement, ou pour les mois payés pendant le cours du voyage. (*Déclaration du 24 juin 1778, art. 23.*)

93. Le coffre du capitaine pris, ni les pacotilles ou marchandises qui pourront lui appartenir, dans quelque endroit du bâtiment qu'elles soient chargées, ne pourront, dans aucun cas, être distribuées au capitaine du corsaire qui aura fait la prise : mais l'armateur pourra stipuler en faveur du capitaine, et pour lui tenir lieu de dédommagement, une somme proportionnée à la valeur de la prise ; laquelle somme ne pourra toutefois excéder deux pour cent du montant net de la liquidation particulière de ladite prise. (*Déclaration du 24 juin 1778, art. 29.*)

94. Dans le mois après la course finie, ou lorsque la perte du corsaire sera certaine ou au moins présumée, l'armateur déposera, au greffe du tribunal connaissant des matières de commerce du lieu de l'armement, les comptes de dépenses des relâches et du désarmement, pour être procédé à la liquidation générale du produit de la course, par les juges de ce tribunal, dans un mois après la remise de toutes les pièces, et sauf à laisser pour mémoires les articles qui pourront donner lieu à un trop long retard, lesquels seront ensuite réglés par un supplément sommaire à la liquidation générale : faute par l'armateur de faire ledit dépôt, il sera privé de tout droit de commission. (*Déclaration du 24 juin 1778, art. 57. Arrêt du conseil du 4 mars 1781, art. 57.*)

95. Il ne sera fait d'autre retenue au profit des invalides de la marine, que celle de cinq centimes pour franc, prescrite par la loi du 9 messidor an 3. Mais cette retenue aura lieu, sur le produit des rançons faites à l'ennemi en mer, comme sur le produit des prises

amenées et confisquées. (*Déclaration du 24 juin 1778, art. 58.*)

96. Les liquidations générales seront imprimées, et il en sera envoyé des exemplaires au ministre de la marine et des colonies, au greffe des tribunaux de commerce des villes dans lesquelles il y aura des actionnaires, qui pourront en prendre communication *gratis :* il en sera envoyé en outre aux intéressés et actionnaires d'une somme de trois mille francs et au-dessus. (*Déclaration du 24 juin 1778, art. 59.*)

97. En cas de pillage, divertissement d'effets, déprédations et autres malversations, il en sera informé par l'officier en chef de l'administration de la marine, à la requête de l'inspecteur, pour être lesdites procédures envoyées au ministre de la marine et des colonies, et être par le conseil des prises prononcé telle amende ou peine civile qu'il appartiendra ; auquel cas lesdites procédures demeureront comme non avenues : et où il écherrait de prononcer des peines afflictives, lesdites procédures seront renvoyées aux cours martiales maritimes, pour y être le procès continué jusqu'à jugement définitif. (*Déclaration du 24 juin 1778, art. 60.*)

98. Les inspecteurs de la marine adresseront, dans les premiers jours de chaque mois, au ministre de la marine et des colonies, un état dans lequel toutes les prises arrivées dans les ports de leur arrondissement continueront d'être employées jusqu'à ce qu'elles aient été liquidées, avec des notes et des observations sur l'état des procédures et les motifs qui occasionneront des retards, s'il y en a.

CHAPITRE V.

Répartition.

99. Il ne sera promis, avant l'embarquement, aucunes parts dans les prises, aux officiers-majors, officiers mariniers, volontaires, soldats, matelots ou autres ; mais elles seront réglées immédiatement après le retour

du corsaire, à proportion du mérite et du travail de chacun, dans un conseil tenu à cet effet dans le lieu des séances du tribunal connaissant des matières de commerce, en présence des juges de ce tribunal et du commissaire à l'inscription maritime. (*Déclaration du 24 juin 1778, art. 32.*)

Ce conseil sera composé du capitaine et des premiers officiers-majors, suivant l'ordre du rôle d'équipage, au nombre de sept, le capitaine compris, s'il se trouve assez de lieutenans pour compléter le nombre. Ces officiers prêteront devant les juges connaissant des matières de commerce, dans huit jours au plus tard après la course finie, le serment de procéder fidèlement, et en leur ame et conscience, au réglement et à la répartition des parts ; ledit réglement, signé par le président du tribunal et par le commissaire à l'inscription maritime, conjointement avec les capitaines et les officiers-majors, sera déposé au greffe dudit tribunal. (*Arrêt du conseil d'état, du 15 décembre 1782.*)

100. Si par l'effet de la perte du corsaire, de son absence sans nouvelles, ou de la prise qui en auroit été faite par l'ennemi, les officiers-majors ne pouvaient être rassemblés pour procéder audit réglement des parts, il y sera procédé à la requête du commissaire à l'inscription maritime, par un procès-verbal qui sera signé tant par lesdits juges que par ledit commissaire.

A la suite du procès-verbal, le tribunal rendra son jugement, qui énoncera les noms des officiers et équipages du corsaire, les qualités et le nombre des parts attribuées à chaque grade, enfin le nombre d'heures qui aura été employé à cette opération, et qui ne pourra pas excéder celui de six. (*Lettre* de M. de Castries, *du 10 novembre 1781.*)

101. Il ne pourra être accordé au capitaine plus de.. 12 parts.
Au capitaine en second plus de.......... 10
Aux deux premiers lieutenans 8
Au premier maître, à l'écrivain ou commis aux revues, et aux autres lieutenans 6

Aux enseignes, au maître chirurgien et au second maître .... 4 parts.

Aux conducteurs de prises, pilotes, contre-maîtres, capitaines d'armes, maîtres canonniers, charpentiers...................... 3

Aux seconds canonniers, charpentiers, calfats, maîtres de chaloupes, voiliers, armuriers, quartiers-maîtres et seconds chirurgiens. 2

Aux volontaires. 1 part ou deux au plus.

Aux matelots ... 1 part ou part et demie.

Aux soldats..... 1 demi-part ou une part.

Aux novices ... 1 demi-part ou trois quarts de part.

Aux mousses... 1 quart de part ou demi-part, suivant leurs services respectifs et leurs forces. (*Déclaration du 24 juin 1778, art. 33.*)

102. Le nombre des parts attribuées à chaque grade, ne pourra être diminué qu'à la pluralité de deux voix ; mais la pluralité d'une seule suffira pour déterminer le plus ou le moins attribué aux volontaires, matelots, soldats, novices et mousses. En cas de partage d'avis, la voix du capitaine sera prépondérante.

L'écrivain n'aura de voix que pour remplacer chacun des officiers-majors, qui sera tenu de se retirer lorsqu'il s'agira de fixer ses parts. (*Déclaration du 24 juin 1778, art. 34.*)

103. Le réglement des parts assignera, sur le produit des prises, une somme aux officiers et autres gens de l'équipage qui auront été blessés et estropiés dans les combats, et aux veuves et enfans de ceux qui auront été tués ou qui seront morts de leurs blessures. Lesdites sommes seront payées à ceux auxquels elles seront accordées, en sus de leurs parts de prises, pourvu que ces gratifications n'excèdent pas le double de la valeur desdites parts. (*Déclaration du 24 juin 1778, art. 34.*)

104. Le réglement des parts ainsi arrêté sera définitivement exécuté. Il est défendu à tous tribunaux d'admettre aucune action, plainte ni réclamation de la part des officiers ou gens de l'équipage à cet égard.

105. Dans la huitaine du jour où la liquidation générale des prises faites pendant la croisière aura été arrê-

tée par le tribunal connaissant des matières de commerce, l'armateur sera tenu de procéder au paiement des parts de prises revenant à l'équipage : en cas de refus ou de plus long retard, il y sera contraint, à la requête de l'inspecteur ou sous-inspecteur de la marine, poursuites et diligence du commissaire à l'inspection maritime. (*Arrêt du conseil d'état, du 15 décembre 1782, art. 1.*)

106. Le paiement des parts des prises ne pourra se faire qu'au bureau de l'inscription maritime, et sur l'état conforme au modèle joint à l'arrêt du 15 décembre 1782, lequel sera émargé par ceux des marins de l'équipage qui sauront signer. À l'égard de ceux qui ne sauraient pas signer, le paiement des parts qui leur reviendront sera certifié par le commissaire à l'inscription maritime.

Les à-comptes payés pendant la croisière ou avant la répartition générale, ne seront alloués à l'armateur qu'autant qu'ils auront été payés au bureau de l'inscription maritime, et certifiés par le commissaire chargé de ce service. (*Arrêt du conseil d'état, du 15 décembre 1782, art. 3.*)

107. L'armateur est tenu de remettre entre les mains du trésorier des invalides de la marine, dans le port où l'armement a été fait, le montant des parts et portions d'intérêt dans les prises appartenant aux morts ou absens et faisant partie de l'équipage du corsaire, trois jours après la répartition qui aura été faite au bureau de l'inscription maritime, conformément à l'état qui en sera remis par le commissaire ; de laquelle remise il sera donné décharge valable audit armateur par le trésorier des invalides. (*Arrêt du conseil d'état, du 15 décembre 1782, art. 6.*)

108. Les parts de prises appartenant aux officiers mariniers et matelots non résidant dans le port où la répartition aura été faite, seront envoyées dans les quartiers de leur résidence, ainsi qu'il se pratique pour la remise des parts de prises des gens de mer employés sur les vaisseaux de l'État. (*Arrêt du conseil d'état, du 15 décembre 1782, art. 7.*)

109. Les inspecteurs de la marine sont spécialement chargés de poursuivre les armateurs qui ne se conformeraient pas aux dispositions du présent réglement, à l'effet de les faire condamner, tant à faire procéder aux liquidations générales qu'aux répartitions entre les preneurs, et au dépôt entre les mains des trésoriers des invalides, des parts de prises revenant aux marins morts ou absens. (*Loi du premier octobre 1793.*)

110. Il est expressément défendu aux marins employés sur les corsaires, de vendre à l'avance leurs parts de prises, et à qui que ce soit de les acheter, sous peine de perdre les sommes qui pourroient avoir été payées pour cet effet. Les parts de prises ne seront payées qu'aux marins eux-mêmes; et l'on n'aura aucun égard aux procurations qu'ils pourraient avoir données pour en retirer le montant, à des personnes étrangères à leurs familles. (*Arrêt du conseil d'état, du 10 décembre 1745.*)

111. Les parts de prises des marins, comme leurs salaires, sont déclarés insaisissables.

On n'aura aucun égard aux réclamations ou oppositions qui pourraient être formées par ceux qui se prétendraient porteurs d'obligations desdits marins, à moins que les sommes réclamées ne soient dues par eux ou par leurs familles, pour loyers de maison, subsistances et vêtemens qui leur auront été fournis du consentement du commissaire à l'inscription maritime, et que cette avance n'ait été préalablement apostillée sur les registres et matricules des gens de mer. (*Arrêt du conseil, du 10 novembre 1745.*)

TITRE III.

Des Armemens en Course et des Prises dans les Colonies et dans les Ports étrangers.

112. Dans les colonies et établissemens français situés au-delà des mers, les capitaines-généraux, ou ceux qui en remplissent les fonctions, pourront seuls délivrer

des lettres de marque ou proroger la durée de celles qui
auraient été délivrées en Europe : toutefois en se conformant aux dispositions ordonnées par le présent
réglement, dans le chapitre des lettres de marque et
cautionnemens. (*Arrêté du 13 thermidor an 6.*)

113. Lorsque des prises seront conduites dans les
ports des colonies françaises, le préfet colonial, ou
celui qui en remplit les fonctions, chargera un officier
d'administration de se transporter sans retard à bord
des bâtimens capturés, à l'effet d'y procéder aux formalités ci-dessus prescrites pour les prises conduites
dans les ports de France (Chapitre II du Titre II).
(*Arrêté du 6 germinal an 8, art. 19.*)

114. Le préfet colonial, ou celui qui le remplace,
pourra, soit avant le jugement, en cas d'avarie ou
détérioration, soit après le jugement, ordonner le déchargement ou la vente, en se conformant à ce qui est
dit dans les Chapitres II et III du Titre II de ce réglement. (*Arrêté du 6 germinal an 8, art. 20.*)

115. L'officier d'administration qui aura fait l'instruction, la remettra dans le plus bref délai, avec
toutes les pièces y relatives, au préfet colonial, qui
s'adjoindra le commissaire de justice, ou celui qui
le représente, l'officier d'administration chargé de l'instruction, l'inspecteur de la marine et le commissaire à
l'inscription maritime, à l'effet de statuer, tant sur le
mérite de la procédure que sur la validité de la prise.
(*Arrêté du 6 germinal an 8, art. 21.*)

116. La commission, composée ainsi qu'il est dit
ci-dessus, sera présidée par le préfet colonial, et, en
son absence, par le commissaire de justice ; et les
décisions y seront prises à la pluralité des voix. Un
secrétaire, nommé par le préfet, fera les fonctions
de greffier. (*Arrêté du 6 germinal an 8, art. 22.*) .

117. Les jugemens rendus dans les colonies sur les
prises, seront sujets à l'appel devant le conseil des
prises séant à Paris, et néanmoins seront susceptibles
d'exécution provisoire, à la charge par celle des parties qui aura requis ladite exécution, de donner cau-

tion, et en outre de demeurer responsable des dommages et intérêts. (*Arrêté du 6 germinal an 8, art. 23.*)

118. Si dans la quinzaine qui suivra les jugemens, il n'est point intervenu de réclamation de la part de l'une ou de l'autre des parties, ils deviendront définitifs, et, audit cas, il n'y aura lieu à aucun cautionnement.

Les réclamations, pour être valables, seront notifiées au greffier de la commission, qui sera tenu d'en donner un reçu. (*Arrêté du 6 germinal an 8, art. 24.*)

119. Dans tous les cas, le préfet colonial adressera sans retard l'instruction, les pièces y relatives, et le jugement rendu pour chaque prise, au ministre de la marine et des colonies, qui les fera parvenir au secrétariat du conseil des prises, toutes les fois que l'affaire sera de nature à y être jugée ; et attendu que les pièces originales pourraient être perdues, le préfet colonial sera obligé d'en garder des copies collationnées. (*Arrêté du 6 germinal an 8, art. 25.*)

120. Au surplus, les dispositions ordonnées par le présent réglement, pour les armemens en course, et pour les prises en France, seront exécutoires dans les colonies. (*Arrêté du 6 germinal an 8, art. 26.*)

121. Il n'est rien innové, en ce qui concerne les prises conduites dans les ports étrangers, à ce qui est ordonné par l'arrêté du 6 germinal an 8 : néanmoins, en cas de vente de prises dans lesdits ports, les commissaires des relations commerciales ne pourront prétendre qu'à une rétribution d'un demi pour cent, qui sera prélevée sur le produit net de la vente. (*Arrêté du 9 ventôse an 9, art. 34.*)

TITRE IV.

Dispositions générales.

122. Il est défendu, sous peine de destitution et de plus grande peine, s'il y échet, à tous officiers, admi-

nistrateurs, agens diplomatiques et commerciaux, autres fonctionnaires appelés à surveiller l'exécution des lois sur la course et les prises, ou à concourir au jugement de la validité des prises faites par les croiseurs français, d'avoir des intérêts directs ou indirects dans les armemens en course, ou en guerre et marchandises. Il leur est également défendu de se rendre directement ou indirectement adjudicataires de marchandises provenant des prises, et mises par eux en vente. (*Ordonnance du 5 mai 1693. Ordonnance de 1681, art. 34, titre IX, livre III. Arrêté du 13 thermidor an 6.*)

123. Un exemplaire du présent réglement sera annexé à chaque lettre de marque.

124. Le grand-juge, ministre de la justice, le ministre de la marine et des colonies, et celui des finances, sont chargés, chacun en ce qui le concerne, de l'exécution du présent arrêté, qui sera inséré au Bulletin des Lois.